관심 밖의 저 질서

예술가시선 43
관심 밖의 저 질서

초판 1쇄 발행 2025년 11월 28일

지은이 고순용 금　희 박광진 백　선 송계숙 신종찬 양소은 양호인 이　룬 이연옥 이재웅 이정미 이진옥 이희교 정애영 조현서 최영순

펴낸이 한영예
편집 박광진
펴낸곳 예술가
출판등록 제2014-000085호
주소 서울 송파구 문정로3길 15-17, 201호
전화 010-3268-3327
팩스 033-345-9936
전자우편 kuenstler1@naver.com
인쇄 아람문화

ISBN 979-11-87081-39-5 03810

* 이 책의 판권은 지은이와 예술가에 있습니다.
* 양측의 동의 없이 무단 전재하거나 복제하는 것을 금합니다.

예술가시선
43

관심 밖의 저 질서

예술가작가회 시선집

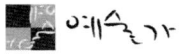

서시

강가에 앉아 풀벌레 소리를 듣는다 임윤찬의 「골드베르크 변주곡」을 듣는다

어둠은 물살의 키를 늘이고 구름 틈새로 쏟아지는 달빛이 시리다

풀잎이 흔들리는 건 바람 때문이 아니라 귓속의 너 때문이다

침묵으로 말을 이어가는 이들의 바스락거림에 반음 덧대어 계단을 딛는다

풀벌레 소리 잠든 밤 고요로운 선율에 젖어

온갖 삶의 변주가 지나가는 동안 영롱한 첫 아리아aria를 향해 걷는 중

코츠월드의 붉은 담쟁이는 중세의 가을로 접어들고 있다

가을은 겨울로 겨울은 무엇을 기다려 그 강에 거친 유빙이 밀리고

담담한 눈송이 사이 자욱한 부슬비 사이 녹슨 첨탑 사이 목이 잘린 꽃이 모자를 만드는

계절, 눈보다 먼저 내리는 빛의 소리 가운데 눈을 뜬다 노이즈로 건축된 세계에서 불완전한 창조물의 완벽한 대칭이 금지된다 겨울 나무는 뒤틀려 자라났다

붉어지다 말라가며 떨어질 때까지 흔들리던, 강물에 풀어놓은 나무의 마음을 움직이던 것들은 도대체 무엇과 무엇과 무엇과 무엇과… 무엇…이었을까

당신의 계절을 식장에 접어 넣고 쏟아져 내리는 하루가 벼린 시간을 강물에 띄운다

강물은 미래를 위해 흘러갈 뿐이다 자기 안에 갇혀 있지 않기 때문이다 그러므로 나는 없다 내 시도 없다

피는 내 시의 첫 문장 매스를 대기도 전에 피가 흐른다 고통 소리에 단풍이 시뻘겋게 물든다

인공지능이 반짝거리는 밤, 희미한 별들이 불안에 흔들리고 던져도 깨지지 않는 시계는 찬바람을 불러온다

시린 달빛으로 컴퓨터 자판 두드리다 잠든 밤 텅 빈 모니터가 아침을 맞고 '그깟 것'이라는 따뜻한 이부자리 위로 구름 내려앉아 있다

변주곡 사이를 빠져나온 손가락이 풀벌레 아리아를 듣는데 중세의 변두리를 서성이는 나는 무엇에 빠져있는가

2025년 짧은 가을에

박광진 고순용 이희교 금희 양호인 이정미 최영순 이재웅 송계숙 이룬 백선 정애영 양소은 신종찬 조현서 이진옥 이연옥 (작성순)

목차

서시

1부 바람 소리 듣는다

연필스케치 / 이희교	12
빗속의 꽃 / 조현서	14
붉은 수염 / 금희	16
눈 속의 달 / 정애영	19
천지의 붓끝 / 고순용	20
문득, 01시 57분 / 양호인	22
밤의 환상 / 고순용	24
안개 그림자 / 고순용	26
월월이청청 / 이정미	28
물방울 다이아를 훔친 적이 있다 / 양소은	30
날개는 바람 소리 듣는다 / 송계숙	32
검정을 해부하다 / 백선	34
초식의 사막 / 이진옥	36
야트막한 내 구름 정원 / 금희	38

2부 저녁연기처럼

입추 단상 1 / 신종찬	42
입추 단상 2 / 신종찬	44
저녁연기 / 신종찬	46
초기화 / 최영순	48
초가을의 스태그 파티 / 박광진	49
밀어 / 조현서	50
If I lose myself / 이룬	52

받아쓰기 / 박광진　55
사막과 찬가의 반증 / 백선　56
수봉산 / 금희　58
삿갓재 나비 / 이재웅　61
월출산 얼레지 / 이재웅　62
산이라는 이름의 펫 / 백선　64

3부 일기는 일시정지

너는 없는 것으로 있다 / 최영순　68
반딧불이 / 정애영　70
밥 한 번 / 박광진　72
액자 속의 방 속의 방 / 이룬　74
일기초 / 이재웅　76
거울 속의 여자 / 양소은　78
양평 오일 장 / 양호인　80
우주는 원자가 아니라 이야기들로 이루어져 있다 / 최영순　83
끝없이 멀어지는 길들이 / 양소은　84
일기는 일시정지, 괄호, 멈춤 / 최영순　86
시간과 인간 / 이희교　88
이런 건 검색해도 몰라 / 이진옥　89
숲을 이루라 / 박광진　91

4부 도도새와 도도나무

폭포 / 양호인　94
가을이 오면 / 이희교　96
반달 구름 구름 코끼리 / 송계숙　98
새벽은 쓸쓸한 구름을 한 삽씩 퍼 담았다 / 양호인　100
선녀와 살기 / 이연옥　103
텀블러를 타고 / 이연옥　104

뿌리 2 / 조현서　106
묵시록 / 이재웅　107
뿌리 1 / 조현서　111
고래 / 이연옥　112
노루영나영 / 이정미　114
도도새와 도도나무 / 이연옥　116
삼신채로 빚은 달항아리 / 이정미　118
끝과 시작 / 이진옥　120

5부 비극이 아닌 시간

내상후증후군 / 이룬　124
비극이 아닌 시간의 / 이룬　126
슬리퍼가 가능한 동작에 대하여 / 금희　130
도리언 그레이 풍 / 송계숙　132
엽서 / 백선　134
오늘이 부화한다 / 고순용　136
문병 / 이희교　137
유품정리사 Y씨의 일지 / 양소은　138
흥부X선 사진 / 신종찬　140
그레이 / 송계숙　142
기도 / 이정미　143
갈 수 없는 나라 / 정애영　144
붉은 녹을 열어요 / 정애영　146
부패의 온상 / 이진옥　148

출품작 및 프로필

예술가작가회 연혁

1부
바람 소리 듣는다

연필스케치

이희교

연필로 드로잉을 한다
새가 새싹이 움찔한다 피어난다

강약이 있는 선
속도감이 있는 직선과 곡선

명암을 넣어주면 공간도 생긴다
화폭에서 향긋한 냄새가 풍긴다

명암을 더 넣으면 내일도 그릴 수 있을까

화폭 안에서
내 손에 빙의된 마음들이
걷잡을 수 없이 날아다닌다

화폭 밖에서
연필스케치 강사가 말한다

연필은 한때 사나운 매의 부리였습니다

상상력 같은 거 고민하지 말고
살살 다루세요
집중하고 결집하세요

매의 부리처럼 집중하며

연필로 완성하는
오늘의 풍경들

빗속의 꽃

조현서

폭우가 쏟아지고 있어, 고개 숙인 꽃 위에
비는 하늘의 눈물

슬픔과 외로움이 고여 술이 되었으려나
술 한 잔의 사연들이 모여 구름이 되었네
수천 개의 술잔이 하늘에서 술을 따르고 있어
갈증을 느낄 때 쉽게 구하던 그것들이 온몸을 때리고 있어

마셔 봐, 취해 봐, 느껴 봐 필로폰 펜타닐
마리화나도 정복해 봐, 취할 자유를 박탈당하지 마
마약을 술 한 잔처럼
속삭이는 유혹에 그 은밀함에 비참해진 생
잘려나간 다리에 또 주삿바늘을 꽂는다
필라델피아는 이미 늦었어요
동물 마취제 자일라진은 규제약물에서 벗어나 있어요
좀비가 된 사람들의 거리, 중독과의 전쟁이다

제약 회사들의 횡포. 정부와 의사를 믿지 마세요
기만적이고 공격적인 마케팅,
불법 영업을 통한 의사들의 마약성 진통제 처방 남발로
중독성의 위험을 모르는 채 복용한 환자들의 결과는 재앙
이다

이 질병과 고통은 진짜예요
악마가 저를 산 채로 잡아먹고 있어요

남의 나라만의 얘기는 아니지
마약은 한 가정에 투하된 원자폭탄
핵우산이 필요하다 내게는 없는

붉은 수염
—립스틱 혹은 까마귀

금희

립스틱을 오독오독 씹어 먹는 꿈을 꾸었어

손가락에서 물감이 흘러나왔는데
엄지손가락에서는 초록색이
내가 좋아하는 빨강은 새끼손가락에서
약지에서는 샛노란 애기똥풀 색이 나왔어

쿨럭쿨럭 마개를 열고 찐득하게 엉긴 색깔들이 나오는데
튜브를 짜듯 손가락을 꾹꾹 누르면 심장이 아팠어
손톱을 눌러 뚜껑을 닫았지

노을을 삼키고 까마귀 한 마리 날아왔어
검지에 검은색과 보라색
중지에는 황금색 물감을 묻혔는데
깃털 속 바람과 구름의 농담은 다 그리지 못했어

내일은 다른 색깔을 가진 이파리들이 나왔으면 좋겠어…

내가 그리고 싶은 것은
미술 교과서에서 본 적 있는 윤두서의 자화상
그 가늘고 긴 수염을 무성하게 세밀하게

땅바닥까지 닿는 수염
반지의 제왕의 간달프처럼
지혜가 흘러나온다면 좋겠어

붉디붉은 수염으로 청동거울을 닦거나
아주 오래전 붉은 단풍나무 아래에서처럼
이야기 속의 이야기를 아주 길게 땋아 주고 싶어
이왕이면 벽화에서 가장 먼 나라에 닿고 싶어

립스틱 하나를 통째로 먹고
이제는 담장에 그려 넣은 붉은 까마귀를 꺼내야겠어

닫아도 새어 나오는 그림들
그믐은 밤보다 거대한 깃을 치며 날아가겠지
담장이 끝이 없이 이어져도 닿을 수 없는 곳까지 가겠지

돌아오는 봄에는 여린 혓바닥 같은 분홍립스틱을 사겠어
검은색에 묻혀 있던 그림들이 꽃을 피울 테니

새로 돋는 연두를 배경으로 용감하게 세밀하게

눈 속의 달

정애영

제사 모시러 가는 저녁
차도에 검은 고양이 한 마리
벌어진 입안 가득 피범벅이 된 채
가쁜 숨을 몰아쉰다.
경계를 넘어가는 눈 속 그믐달, 거친 숨소리
북을 치며 운다

돌을 맞으며 쓰레기봉투를 물고
길 위를 떠돌던 날들
아스팔트 위로 번지는 피 무늬
콘크리트 틈 숨어 보던 달빛이
먼 길을 따라 느리게 풀리는 중이다
둥둥둥 커지는 북소리, 이우는 달의 뒷면으로
새끼 고양이 흰나비 떼를 쫓아가고
툭 끊어지는 북소리

천지天池의 붓끝

고순용

천지 먹물 듬뿍 찍어

한 획

흘림체로 흘리니

산맥 큰 줄기가 불끈

먹물 한 번 꾹 찍어

파묵破墨으로 바리니

천지天地 산허리가 꿈틀꿈틀

활화산 붉은 용암이다

화인 같은 낙관으로

화룡점정 하늘에 오르니

앞발 치켜든

호랑이 한 마리

하늘땅을 끌어안는다

문득, 01시 57분

양호인

손가락 사이사이로 찬바람이 새 나왔다

모두가 잠든 밤, 옆집 사내의 늦은 귀가 소리, 철문이 철거덕 TV 뉴스가 전하는 교통사고, 앰블런스 소리가 요란하다 밤이 깊다 골목길, 좁은 골목길엔 가로등만 졸고 있다 전주에 기대어 하늘을 보았다 별이 빛났다 북극성이 성벽에 꼬리를 얹은 채 움직이지 않았다 서성이고 있다 약속된 시간을 넘긴 밤은 깊어지고, 길어지고, 마감 뉴스에는 또다시 교통사고, 인명 피해가 많다 피투성이가 된, 설마가 진실이 되는 일들이 줄지어 지나갔다 그럴 리 없다 머리를 흔든다

낡은 의자에 엉거주춤 앉아 있다, 정적이다 개 짖는 소리도 들리지 않는, 들릴 리 없는, 별만 차갑게 빛났다 힘 빠진 유성이 사선으로 추락한다

철문이 열리고
그가 들어왔다 흔들리는 대나무 같다
알콜에 삼켜진 그,

시야가 흐릿해졌다
늦가을 장맛비 같은 차가운 물이 흘렀다
떨리는 손, 흔들리는 눈동자

안았다, 안은 게 밤하늘의 유성이라면
그가 안았다는 이유만으로 더 버틸 수 있을까

가만히 기대었으나

문득,
끝을 향한 01시 57분….

밤의 환상

고순용

두 눈이 궤도를 이탈한다
머릿속은 목어木魚의 뱃속처럼 텅 비었다
무한궤도를 떠돌던 눈알이 나를 들여다본다
눈알의 시선을 피해 놀란 사슴으로 내달린다
바위절벽이 두 다리를 막아선다
암벽에선 고래들이 헤엄친다
파도가 밀려온다
물고기를 낚으려 낚싯대를 당긴다
낚싯대에 걸리는 건 바람소리뿐, 당길수록 헛손질이다
해안가에 움푹 패인 옛 공룡들의 발자국
발자국에 갇힌 새우들이 꼬물거린다
밀물의 시간을 헤아리듯 내젓는 발가락이 분주하다
파도가 바위를 파먹어 동굴처럼 휑하다
동굴에 갇혀 나는 밤새도록 발버둥 친다

작업대 귀퉁이에 뒹굴던 나사와 철판 조각들이 마징가로
되살아나는 아침
흩어졌던 생각의 파편들이 가지런해진다
지평선 너머로 사라졌던 나,
내가 다시 떠 오른다

안개 그림자

고순용

안개가 내려앉는 밤
어둠에 기대어 졸고 있는 담장 위로
길고양이가 보름달을 할퀸다
거리에서 마주치는 사람, 사람들
에드바르트 뭉크의 '절규'하는 얼굴이다

취기 오른 신경세포는 안개에 취해 눅눅하다
핏발 선 신경세포들의 촉수
가시나무 가지처럼 그 끝이 뾰족하다
취기에 젖어 축축해진 안개를 끌며 접어든 골목길
골목길에는 낯선 그림자들이 서성이고 있다

안개의 도시, 런던의 거리 풍경이 이랬을까?
평생 안갯속을 헤매다 떠난 버지니아 울프를 생각한다
울프에 취해 골목 안으로 접어드는 순간
발걸음을 막아서는 내 그림자를 만난다

한걸음 앞서 돌아다보는 그림자
그림자가 내 앞발을 당긴다
연기 같은 안개는 그림자를 부풀리고
그림자는 나를, 뒤뚱뒤뚱 걸어온 내 생을 어른다

나를 끌고 온 그림자가 벌떡 일어선다
대문을 등지고 서서 나를 쏘아본다
"넌, 누구냐?"

반쯤 기울어진 보름달이 내 등을 툭 치고 달아난다

월월이청청 月月而淸淸*

이정미

어둠 속으로 들어가는 대문 좀 열어주소
나른한 봄날 골목에서부터
어린 나를 졸졸 따라다니던 달이여

소녀들의 원무처럼 팽팽한데
화면들과 가로등과 짙게 화장한 얼굴들
대형마트 환한 불빛과 자동차 라이트
건물과 나무들까지 온통 뒤덮은 빛에 눈이 부셔
달이 아닐 거라고 잠시 말했었지
성자를 보고도 믿지 않는 사람처럼

오늘도 침묵한 날
웅크린 채 길을 걸었던 날
월월이청청 월월이청청 월월이 청, 청,
네가 돌면서 희미하게 징소리가 나
세상의 기름진 소리들 잦아들 때
휘청이는구나, 해보다 더 밝은 달이여!

* 경북 영덕군에 전승되는 민속놀이. 소녀들과 새댁들이 노래 부르며 노는 원무로 음력 2월 보름날 밤에 절정을 이룬다.

물방울 다이아를 훔친 적이 있다

양소은

구름층이 일어나는 일이다
흑백을 가르는 건 대단한 사건이 아니니까

아침, 어김없이 몇 개의 얼굴을 물에 담갔다가 거울을 본다
(김환기의 물방울이 액자를 깨뜨린다)

눈알이 싱싱한 생선과 신선한 채소들
악몽에 묻힌 물방울을 떠올린다

진한 민트향의 거품이 불안을 보글거리며
거울에서 흘러내린다 서로 깊이를 숨긴 채

태풍의 중심에서 구름은 보이지 않는다
서로의 표정은 들여다볼수록 낯설고 기억이 옅어진다
(우리는 악몽을 지금까지 끌고 왔지)

오늘 밤 꿈속을 흐르는 땀방울들
구름을 몰고 들어오는 태풍은 몇백 킬로미터의 꿈을 꾸는가
(물방울에서 물고기 비늘이 빛난다)

내 안에 또 하나의 내가 흑백 그림자 찾기를 한다

바람이 부는 일이다
흑백을 가르는 건 푸성귀만 못하니까
(편의점에서 다이아를 고르는 일이다)

얼굴들이 손가락 사이로 쏟아진다 오랜 시간
아무렇지 않게 녹아내리는 눈동자

안녕, 물방울을 놓아주는 일이다 뒷모습 밖으로
구름의 행방을 찾는다 멀어지는 룸미러 속에서

날개는 바람 소리 듣는다
―자폐의 식式

송계숙

그녀는 지구 반을 날던 선반 위 두루미를 두루미는 바닥의 의자를 의자는 그림 속 여자를 여자는 그림 밖 그녀를 바라보는 환環의 궤도 현실이 벽이 되는 멈출 수 없는 트랙

의자가 된 두루미 단단히 고정하는 작업에 머물고
두 다리 다소곳이 모으고 긴 목 꼿꼿이 세운 채 정방형에 머물고

검은 행렬이 화환들이 그녀의 시선이 엉긴 잔에 붉은 체리 주스 자전하고

속하지 못한 자를 위한 애도의 식式일까 새까맣게 떠 원을 그리는 철새 공명하는 울음, 이곳을 지키는 숨긴 자를 부르는 성찬례일까 단련된 발톱을 벗어 놓고

떠나는 자들의 눈물의 식일까
이쪽과 저쪽 선 없는 선 보이지 않는 등선 남은 자의 고리와 떠나는 자의 고리와 돌고 도는 해와 달이, 머언 시베리아

자작나무 껍질에 쓴 연서 긴 고리를 안고 엎어진 의자의 의식, 땅에 기울이는 술 경배敬拜의 잔, 무덤에 내린 날개

붉은 잔에 시선을 꽂고 바람을 고르는 깃털 관 속의 인형 출렁이는 바닥에 새겨진 두루미 박제된 하늘 그리운 먼 설원을 굴리는

구부러진 벽 안의 그녀, 허름한 골목 돌아 나가는 낡은 신발 서넛 비릿한 술 내음 두엇 흐린 형광등 몇 몇

액자 속의 여자 주스는 그대로 붉다, 빈 테이블 위에

검정을 해부하다

백선

해마다 잊어버리는 나이를 자문하듯
화물열차 따라가는 눈길이 칸을 세다가 놓쳐 버리고

지루하지 않네
검은 페이지로 연결되는 이야기
적재된 채탄에 칠흑의 윤기가 흐르네
아버지는 땅을 파서 밥을 버는데
어머니는 가난을 캐서 등을 켜는데
마음의 맹아가 되어 흩어버린 구름층

발을 빌려 태어난 빗금 따라
공이 튀어 오르는 날
밥그릇이 소란스레 자리를 옮겨 앉기도 하네

화살표에 끌려간 별의 진부함으로
내 것이 아닌 것을 건드려 본 흑백의 시간들
빛바랜 물의 반점이 종양처럼 자랐네

절지동물의 몸뚱이가 공중을 날아
바닥에 부딪치고
접골되지 않아 부러진 관계처럼

다리 걸어오는 사선에 대해
돌아앉는 바람의 별자리에 대해
검은 역경 같은 배후는 마취해 두기로 하네

느리게 가는 화물열차에 내 죄가 실려가네
까맣게 반짝이네

어떤 날의 오후는 양지바르고 마을이 낮아져서
회개와 기도는 채탄 위로 가득 차고
수술대에는 검정의 체액이 흐르겠네

초식의 사막

이진옥

사막의 그림자를 잠시 접어두고
오래 머물러도 좋을 것인지 생각하는 시간

타는 바람 따라 별들이 내려오는 밤에도
신생의 바람이 모래를 데려오는 아침에도
태양이 사정없이 모래 위에 그림자 길게 눕히는 오후까지
내내 생각이라는 걸 한다

비틀비틀 일어나지 않아도. 손발에 묶인 줄이 움직이는 대로 우쭐우쭐 춤추지 않아도. 눈 뜨고도 본 적 없다고. 눈 감고도 봤다고 해야 하는 그런 일은 하지 않아도 되는 사막에서 나를 빛나게 해 주는 건 밤의 태양이지 낮의 달은 아니라고 생각하고 생각한다
먹을 수 있을 때 먹어둬야 해 그래야 굶어도 웃을 수 있으니까 누가 이 말을 나에게 했을까만 생각해도 하루가 짧아 멀리 가는 낙타에게 말 한마디 못 건네고 따뜻한 눈길조차 주지 못했는데 말에게 포로가 된 이들이 계곡으로 끌려가

는 모습에 미소 짓는 이곳 초식의 세상에서 육식의 내가
게워 내는 건 생각뿐이다

야트막한 내 구름 정원

금희

내가 말하고 내가 잊는다
애초에 약속은 없었다

내가 그리고 내가 지우다가
오래전 지운 얼굴이 한 번에 쓸렸다

가을은
애초에 없던 계절

기약이나 바람은
부질없는 일

그 부질없는 일들에
감꽃이 피기도 했지

감꽃목걸이를 걸고
허기의 긴 목은 하얗게 바랬지

파르스름한 청동을
밤새 닦는 일
그 어리석은 일은 이제 잊었지

새가 날아오는 일은 이제 그만
철거한 감잎들 녹슨 청동들

달빛과 햇빛으로 번갈아 닦은
빛깔들은 다 비밀에 부치고

감잎 정원은 문을 닫고
차갑고 흰 눈이 올 테고

가을은
애초에 없던 계절
애초에 없던 계절이 지나가고

점자로 새긴 울음들을
얕은 곳으로 밀려온 마음들을 건져 내려
달이 뜨고 더듬이가 긴 여름이 고이다가 흘러가고

2부
저녁연기처럼

입추 단상斷想 1

신종찬

해거름에
옥상 정자에 앉아
짙은 들깨 향기에 젖는다

대추나무는
봄부터 부지런 떨어
붉은 열매 길러 냈으니
한 해 소망 다 이루었단다

불어오는 갈바람에
마른 잎들 비벼 대는 옥수수들은
자루 채 수확 바쳐 섭섭하다고
시나브로 수군대는 통에
고추잠자리는 앉을 곳이 없다

무성한 고춧대들은
열매가 붉게 익어가면서도
아직 허옇게 꽃 피고 있는데,
여름 내내
시詩 한 편 제대로 못 썼으니
구름 한 점 없이
하늘이 높아 더 부끄럽다

입추 단상斷想 2

신종찬

된장잠자리들이 하늘을 점령한
상가 옥상 정자에 앉아, 한가하게
화분 사이를 기웃거리는
코스모스가 몇 송인지 세어본다

송이채 수확 바친 포도 잎들이
누더기로 낡아버렸을 때
꿈 많은 국화는
따가운 햇살 담아
수수 알 같은 꽃망울들 잔뜩 맺어 놓았다

잎 사이에서 꾸벅꾸벅 졸며
여름 내내 숨어 지낸 열매마 덩이들은
나 여기 있다고 눈 부라리지만,
나는 변변한 시 하나 못 쓰고 있다

푸른 하늘이라도
휴대전화로 찍어놓으면
가을 시상詩想이 떠오르려나

저녁연기 煙氣

신종찬

내 소망은 저녁연기처럼 사는 것이오

굴뚝에서 나와 감나무 밑을 지나
마른 호박 줄기를 타고
성근 울바자 사이를
소리 없이 넘는 저녁연기처럼

아궁이 속에서 불티나게 다툼하던 때나,
구들을 뜨겁게 달구고 싶던 욕심들은
이제 잊고
쉬엄쉬엄 느슨하게
아직 떨어지지 않은 마른 참나무 잎이나 어루만지며
구수한 것보다 더 구수한
저녁밥 짓는 냄새가 은은히 퍼지는 동리에서,
띄엄띄엄 우는 늦가을 귀뚜라미처럼
눈을 반쯤 감고
익숙한 노래나 불러보는 것이오

어디서 왔는지
어디로 가는지 묻지도 않고
가는지도 모르고 가는
편안한 저녁연기를 닮고 싶으오

초기화

최영순

노트북을 켜고 조각난 유빙처럼 떠도는 낱말을 불러들였다
지나온 자취는 길고 익숙해 취하기 쉬우나, 머뭇거려지고
새로운 세계는 짧고 낯설어 겉돌고 겉돌다 떠내려갔다

현재 쓰고 있는 詩와 현대詩, 무엇이 어떻게 다를까?

초기화된 아침,
철새들 가쁜 이동소리에 질풍처럼 달려온 바람
때를 놓칠세라 작별 고하는 한바탕 낙엽들
떠나보낼 건 떠나보내고 맞이할 건 맞이하며
겨울과 맞서는 나목, 나목과 맞서는 겨울

경계를 늦추지 않는 길고양이 밥을 챙긴다.

만나고 헤어지고 만나고 헤어지다 흩어질 날들,
너는 사진 속에서 웃고 나는 노트북을 닫는다.

초가을의 스태그 파티

박광진

마중할 일 없는 마중을 나선다

초가을 초행길 길마중을 나선다
스태그 파티를 위해
수사슴 뿔 바람 가르듯이 길을 나선다

인터넷 탐색창을 건너 마침내 차창에 비스듬히
생각을 기대고
상경하는 여자

여자는 또 다른 탐색창을 열어 낯선
남자를 본다

길을 마중하는 일
매번 다른 풍경과 마주하는 일

마중할 일 전혀 없던 길로 마중 나선다

밀어密語

조현서

재개발구역 신축아파트 옆, 허름한 구옥들이 반세기의 상처를 안고 산다
시멘트 기와집 벽에는 실개천 흐르듯 벌어지는 틈이 자라고 있는데 광고지의 풀칠 자국과 떼려고 긁어댄 흔적은 캔버스의 유화 같다

유혹하는 반작용의 힘으로 불순을 꿈꾸지만 번번이 실패다
얼었다 녹고 뜨거웠다 식으면서 한껏 밀어냈다
드디어 금이 가고 균열이 생겨 세월의 모습이 드러난다
아니, 깨어지지 않으려는 노력의 실패였을까
아직 사람의 온기를 품고 있다

틈 사이로 바람이, 습기가 드나들며 허무가 자란다
허무의 모자를 쓰고 허무의 양말을 신고 외출을 한다
바람이 속삭인다. 희망도 허무를 먹고 자란다고

If I lose myself

이룬

당신이 아침마다 나를 깨우지 일 좀 하라고 막 밀리언셀러 달성하는데 꿈을 깨네

병 속의 시간에서 빠져나오고 싶어 당신이 나를 채집했지만 나도 채집한 나를 놓아주고 싶어

늘어지게 꿈을 더 꾸면 날개 돋친 책이 되는 거야

그런 나를 당신은 종일토록 요리하지 도마에 올려놓고 잘도 토막 내지 그리고는 소금 던지고 너무 잔인해

칼처럼 되는 일이 있을까

나도 같은 생각이야 조기 품절되면 좋겠다고

Nobel상 타고 싶어 아니 Novel상도 괜찮아

하늘과 땅 차이는 한 줄, 빨랫줄이면 좋겠어 벌써 정월이야 섣달 그믐밤으로 탈주하고 싶어

당신은 젖은 빨래 말리려고 해를 기다리지만 나는 별 뜨는 밤이 좋아

가로등과 당신이 여전히 나를 감시하지만 별의별 이야기 쓸 수 있거든

창 너머 별빛으로 담벼락에 그려진 벽화처럼 손톱 물어뜯으면 이야기 줄줄이 그려지려나

감기 앓고 기침을 하며 생각했지 숨 막히면 죽지만 숨을 쉴수록 시간이 줄어들지

죽기 전에 활자 하나씩 바꾸고 싶어

Lose에서 s를 v로 ……, ……, ……

얼마나 아름다운 선택인지 몰라 얼마나 탄력 넘치는 기호인지 몰라

잃어버리는 일도 필요하지 만일 나를 잃어버리고 당신을 사랑한다면

그때 v가 완성될 것 같아, 그 이야기가

받아쓰기

박광진

알락꼬리마도요가 키릴문자로 초대장을 쓴다

신두리는 바닷바람을 받아 적는다

억지로 떠밀려 온 어린 상어의 주검
할 말 많지만 아무 말 없다

파도의 장난
받아쓴
지난여름 발자국 난장

바람에 실려 온 폐비닐 같은 소문이
해안사구에 켜켜이 쌓여 간다

통통배 지나간다

사막과 찬가의 변증

백선

하필, 동산에 천상의 샘이 흐른대, 뚱뚱한 사냥개, 어쩌면 고양이, 그 뒤를 쫓아오는 돼지, 뒤뚱거리는 입김, 언덕 위로 펼쳐지는 노을빛 탐욕, 해가 뜰지도 모르게 휘파람소리 들린대

잠시 보였다 멀어지는, 돼지 뒤에 살찐 염소, 휘어진 뿔에 걸린 붉은 달, 그 배경— 푸른 밤

염소가 풀을 뜯어먹는대, 그 소리를 듣다니, 낯익은 가면, 늘어진 혓바닥, 오르고 또 오르면 세렝게티로 이어지는 뿔이 긴 대가리

옛날의 금잔디 동산, 샘이 마르고, 트럭이 짐칸을 들어 모래 짐을 부리고
부려지는 모래자갈 중 가장 크고 무거운 것이 가장 멀리까지 굴러 내린대
샘으로 가라앉는 돌멩이들— 가면들, 얼굴들, 짐승들,

자갈보다 깊이 가라앉는 모래들 —천상의 샘이 폐쇄되고
— 살아서 누구도 빠질 수 없고

사막에 비가 내리니까, 오아시스가 보이지 않고 눈 씻고 봐도 먼, 모래의 시간
바람이 심한 날 어딘가로 옮겨 앉는 모래알들
사막이 더 사막다워지고 또 다른 모래산이 일어나고, 사막이 사막일 뿐이고
무서워하는 적막과 저녁이 오고

설치되는 조각물, 그림자 행렬이 붉은 달의 배경 속으로 이어지고
이 말고 더 무엇이 있느냐고?

수봉산
―아기장수 우투리편

금희

수많은 질문과 의문이 고양이를 낳는다

고양이는 점점 자라고 또 다른 고양이를 만나고
길 잃은 고양이는 길 찾은 고양이를 낳는다
고양이가 호랑이가 되기까지 얼마 되지 않는다

골목이 골목을 낳는 수봉산
전신주와 전봇대가 골목의 문패를 잇고
때 지난 성탄절 트리의 전구에 집들이 켜지고
작골 연립 쪽에서 큰 대로로 이어지는 계단을 경계로
까마귀가 가오가오 날개 달린 소문을 내도 비밀은 새어나 가지 않는다
아기장수 우투리의 현신을 쉬쉬하는 골목
삼거리에서 큰 도로 쪽 일방통행 소식은 어제로 가지 않 기로 한다

볶은 콩알같이 뛰어다니던 아이들이 어디로 갔을까?
전깃줄은 어벤져스의 전설을 실어 나르기 바쁘고
잊을 만하면 까마귀가 날아와 울었다
마당에 오동나무를 심어 놓고 떠난 빈집이 늘었다

우리들의 영웅 풀씨의 부고가 떴다
집집마다 달항아리 조등이 켜졌다
높은 곳에서 보면 달동네는 새로 점지된 별자리일 터

깜깜하고 높고 가파른 동네 가장자리
잔별만 석 되
달빛만 석 되
바람만 석 되
갑옷처럼 골목이 둘렀다

우리들의 영웅 풀씨가 잠행 중인 2월
곧 부활이 대목이다
부풀고 퍼지고 구석구석 멀리까지 간다
휘잉 휘이잉 천리마를 타고
골목은 길어지고 휘어져 높이 달린다

골목은 **빽빽**하게 적힌 구전들이 부푸는 중이다
불어난 풀씨들의 맹활약이 진행되는 중이다

골목을 돌아 골목을 날아
아주 작은 풀씨 하나가 당신을 피우는 날이 온다

골목은 겨드랑이가 간질간질하다

삿갓재* 나비

이재웅

산에 사는 나비야 삿갓재 높은 나비야
꽃 잔치 나중 보고, 낙화는 먼저 보고
바람 또 거칠기 일쑤, 널랑은 산 살림이 좋더냐

하늘땅 하늘땅, 산 살림이 좋더냐

산에 사는 나비는 삿갓재 높은 나비는
꽃 잔치 멀리 듣고, 기다림이 설레 길어라
낙화야 섭섭 전하고, 시름일랑 외려 짧아라

하늘땅 하늘땅, 시름 외려 짧아라

어제 설레 오늘 시름 오늘 시름 내일 설레

하늘땅 하늘땅, 바람 으레 일어라

* 덕유산 주능선 상의 地名

月出山 얼레지[*]

이재웅

나는 자주 보라
나를 자주 보라
나만 자주 보라

나는 자주 보라, 수줍더니
나를 자주 보라, 새침 토라져
꽃잎 애써 꾸미고, 나만 자주 보라 하네

얼레[**]
얼레
얼레지

토라진 모습에 연정 감추지 못해
설늙은이 달아올라 주책일망정
달뜨면 봄밤, 은근하리니

얼레

얼레

얼레지

얼레지 얼레

* 백합과의 여러해살이풀로 3월~4월에 보라색 느낌의 자주색 꽃을 피운다. 하루에 세 번 변신을 한다. 꽃말은 '바람난 여자', '질투'
** 감탄사, 놀라거나 당황할 때 나오는 소리. 규범 표기는 '어'이다

산이라는 이름의 펫*

백선

늙은 먹보다 이제는 살이 찌지 않는 대식가, 녀석이 웅크려 덫을 놓고 기다린다 산에서 와서 산이 된 개가 한바탕 갈기를 털며 일어서기도 한다

밥그릇 앞에서 사나워진다

잡으면 다른 쪽이 불룩하게 밀려 나오고, 놓으면 손가락 들어갔던 자리 흔적도 없이 팽팽해지는 풍선, 구르며 저절로 부풀어지는 눈덩이처럼,

애완용 산이 점점 자라났다

慾이라는 이름의 宠, 허기의 내장 속에 내가 갇힌다 애완용 욕이 나를 사육한다 지루한 거처를 벗어나 줄에 매달아 산책한다 훈련이 잘 되면 줄을 풀어줄 거라며 주인을 회유한다

또 팽창한다

발아래 소화되지 못한 욕의 허물들이 깔린다 길어진 털이 눈 위에 뒤엉켰다 덤불 같은 흦의 올 사이로 쇠한 바람소리로 울던, 어느 날

산이 가출한다 흦할,

* 테네시 윌리암스 희곡 『욕망이라는 이름의 전차』

3부

일기는 일시정지

너는 없는 것으로 있다

최영순

너는, 쥐똥나무 울타리를 따라 걷고
잡초를 뽑는 바구니 옆에 앉아 있고
식탁 아래 자고 있다

호박고구마 달달한 맛,
천둥소리 찢어진 방충망,
데크에 새끼를 낳은 길냥이 눈,
수술실 수술대 위,
산문 속 얼룩진 문장에 있다

왈 왈 왈 왈, 싸움인지 놀이인지
놀이인지 싸움인지, 해석되지 않는 이명

어디에고 있지만, 만져볼 수 없고 안아볼 수 없는
공기 같고 햇살같이, 너는 있다

마트 맞은편 문구점에서 땡처리를 하고 있다
아이들이 보이지 않고
검정 분홍 삼선슬리퍼 하얀 실내화 그림물감 네임펜 색종이 왼손가위 헤어밴드
연필 4B연필 크레파스…….

혼돈의 문구점
관세전쟁에 맞서는 젊은 엄마들 틈새

나는, 무지노트를 찾고 있다

반딧불이

정애영

왼쪽 팔에 귀를 대면 바람 소리가 난다.
가슴에서 부는 바람이 혈관을 부풀리며
휘파람으로 새어 나오는 건지도 모른다.
굵은 바늘자국이 별자리처럼 펼쳐진 팔
붉은 원이 둥글게 돌며 한숨을 거르고,
동굴 속 지겨운 시간을 무두질하며
벼린 바늘이 꽂힌 하루를 잇대어 꿰맨다

흑백 사진 속을 걸어 나온 댕기머리 엄마가
옥양목에 십자수로 sweet home를 새기면
맨드라미 위로 노랑나비가 날고
모란을 감싼 福들이 원을 그리며 춤을 춘다.
물고기처럼 튀어 올라 붉은 볼에 새긴 happy

옥양목 올을 풀어 한 땀씩 새겨 넣은 엄마의 집은
모래 시간의 좁은 골목을 지나며 조금씩 무너지고
동굴 속 석순들이 짓무른 눈 속에서 커가는 동안
반딧불이 한 마리 혼자 남아 꺼질 듯 깜박인다.
앓는 몸에서 풀려나온 길이 끊어질 듯

밥 한 번

박광진

두 번도 아니고 밥 한 번 먹기가 그렇게 힘들었을까
40킬로가 그렇게 멀었을까
40분이 그렇게 많은 시간이었을까
언제나 당장이라도 달려갈 수 있을 것만 같았다
가끔 생각하면서 사는 게 그러려니 했다
전봇대에 걸려 있는 연처럼 언제나
그 자리에 그렇게 있을 것만 같았다

밥 한 번만 단 한 번만 먹으려 했을까

경찰이었던 그는 시인이 된 후 명예퇴직을 하고

시집 한 권 내더니
소수자와 사회적 약자를 위한 차갑고도
뜨거운 꽃을 피웠다며
이제 시집을 그만 내겠다고 했다

회사 철통보안을 해야 한다며
시간 내기가 힘들 것 같다며
내가 서랍 깊숙이 처박아 놓았던 숙제를
그가 꺼내 놓았다
밥 한번 먹자 했다

10년의 시간이 걸려
이제
정말
밥 한번 먹으러 뉘조에 가는 중이다
프릳츠 가서 차도 한잔 해야겠다

액자 속의 방 속의 방

이룬

그는 나무를 구겨 액자 만들고
세상 사각형들에게 핑계가 생긴다

관람객들이 전시장에 모여든다
달의 야윈 얼굴이 공중 레일에 액자를 건다

텅 빈 액자 속에 빛이 구겨지고 어두운 방이 생긴다

더 큰 방을 위해
들판을 구겨 돔을 짓고
종소리 구겨 성전을 세운다

그는 한 행성의 궤도를 구긴 열쇠를 갖게 된다
열쇠는 누구에게나 주어지는 것이 아니다

가족들을 구기고
손과 발의 굴욕으로
비늘이 닳도록 물을 구기는

지느러미 열쇠를 쥐게 된 것이다

피기 위해 구겨지는 거라고
액자 속의 방, 방 속의 방, 방 속의 액자
자꾸 늘려간다

천둥소리에 창이 구겨진다
그는 액자를 태우고자 한다
불이 붙어도 소각되지 않는다

불꽃이 휘어지고
열쇠의 곡률은 구겨진 방의 파이를
독해하지 못한다

액자를 보는 관람객들은 눈을 의심한다
액자 안의 일이다

日記抄

이재웅

출발 전부터 비가 내리기도 하고
예상치 못한 비를 만나기도 하고
오락가락하는 비도 있다.
단 한 번도 비를 맞지 않을 수는 없다.
어둑하고 눅눅한 비의 전조가 길 위에 펼쳐 보이면
미리 대비하기도 하지만, 정작
쏟아질라 치면, 대비랄 것이 오히려 구차해
숫제, 빗물 배어 하나 됨만 못하기도 하다.
온통 젖었겠다, 포기한 홀가분함
숲과 함께 몸이 젖어 느끼는, 무어랄까
한두 번 겪어보면 별것 아닌 것이
(다 그런 것은 아니겠지만) 닥친 비가
불안의 밤보다 차라리 덜 하달까.
불길한 생각이지만, 비가 누군가를 지적하지 않겠지만
전조를 보았다 한들 달라질 것 아무것도 없겠지만
매일을 비에 젖어 살아야 한다면……
불편을 가진 아이가 사는 지붕에

걱정 끼치는 자식을 바라보는 마당
잠 깨어 뒤척이는 가난한 새벽,
말하지 않지만 누구나 견디지만
적시는 줄도 모르게 젖는 비는 사소하지 않다.
예사로 주워섬길 말은 아니지만,
그 지붕에 마당에 새벽에 비를 거둘 양이면
숫제 비를 맞고, 日記를 쓸 수도 있겠다.

거울 속의 여자

양소은

담임은 삼 년 내내 웃어주었다. 수업료를 못 내던 내게 그의 웃음은 내 얼굴에 침이 가득 묻은 말이었는데, 나는 조커를 떠올리곤 했다. 그때부터

입을 쫙 찢으며 웃어보지만 입초리가 시원하게 올라가지 않았다. 식당 아르바이트를 하면서 거울을 보고 연습을 하면, 거울 속의 여자는 너무 많은 웃음을 추천했다.

하루 한 알이면 웃을 수 있는 약이 있다는데, 쉬지 않고 웃음이 빠져나가지 않으면 어떻게 하지. 고양이 쭈쭈처럼 발톱을 세우고 웃는다면

거울 속에서 나를 찾을 수 있을 때까지 거울을 닦아야 할까? 날마다 화장대 거울을 쏘아대다 보면 신경이 뾰족뾰족 날카로워져.

나와 눈이 마주치자 거울을 발톱으로 할퀴는 쭈쭈를 히스테리라 한다면, 유리를 긁는 아침 햇살은 어떤 통증이라 할 수 있을까?

거울에 부딪칠 때마다 순간 캄캄해지던

그때의 교실 창밖으로는 사루비아꽃이 무수히 피었지. 어릴 적 깨꽃이라 부르며 꽃잎을 빨던, 달달한 꽃의 원산지인 브라질로 이민을 갈까?

거울 속으로 들어가 담임은 아직도 내 자리를 모종삽으로 퍼내고 있겠지. 얼굴을 쥐고 있는 낱말처럼

양평 오일장

양호인

파는 이도 사는 이도 한 마음이다

뜨거운 여름 장터 어머니들
거친 숨소리가 땀에 절여지고, 손등이
땡볕에 시든 노각 껍질처럼 누렇다

깻대를 탈탈 털어 참말, 말을 짠다
땀방울로 간이 배어 고소, 고소하다
투박한 손끝으로 함박웃음 한 움큼 얹어 준다

제철에도 비어있는
어머니가 주신 빈 반찬통
버리지 못한 통에
차마 들고 가지 못한 마음이
묶음, 묶음 놓여 있다

괜찮아 괜찮아의 마음으로도
다른 맛은 채울 수 없어 허전함,
한 숟가락 넣어 두었다

멋쩍게 뚜껑을 열었다, 나도 멋쩍게 웃었다

노랗게 익은 오이지 한 무더기 샀다
검은 봉지 안, 어머니
웃는다

땀으로 얼룩진 어제 한 그릇
검은 봉지에 담아 주는,
장날 어르신의 단단한 다짐,
어머니 같다

꽈배기 도넛을 집은 손가락이
당뇨는 하루쯤 쉬라고 밀쳐낸다
맛있으면 보약이라 위로하며
시간을 달콤하게 낭비한다

땡볕에 영근 시간을
바지에 문질러 닦고
제철 과일, 나물을 골라, 골라
양손 가득
자꾸만 늘어가는 검은 봉지

그 속에 슬몃슬몃 들어오는
장터 인심,
회상할 내일도 검은 봉지에 담았다

우주는 원자가 아니라 이야기들로 이루어져 있다[*]

최영순

격자무늬 창 삽시간에 추상무늬 창으로 변했다
안에서 보고 밖에서 봐도 부인할 수 없는

거실창문에 새겨진 주홍글자[**]
―죄와 벌[***]

가장 많이 열고 닫아 균열에 일조하고
따스한 햇살 들여보낸 따듯한 마음 읽지 못하고
어둠을 핑계 삼아 커튼 뒤로 밀쳐내고
사계절 변화 안에서 볼 수 있는 투명한 존재
물 한 방울 바람 한 점 들지 않는 유리 속 수인의 삶
무너져 내린 순간 속수무책 바라본 죄 결코 가볍지 않으니

향후 몇 년간 창호 교체하지 말고 지켜보며 자숙하고 자숙해야 한다

[*] 뮤리얼 루카이저 「어둠의 속도」
[**] 너새니얼 호손 『주홍글자』
[***] 표도르 도스트옙스키 『죄와 벌』

끝없이 멀어지는, 길들이

양소은

여기서는 아무 일도 일어나지 않는 계절로부터

검정콩, 메주콩, 강낭콩, 종일 부서진 날들을 고르고 나면 가만히 손등을 매만지듯 손끝에서 흘러나오는 목소리 어느 순간 던져야 할 통증이

유리창 너머 개나리꽃으로 쏟아지는 햇살 요양원 담을 수런거리는데
이곳 사람들은 한번 들어오면 사라지는 발목을 가지게 된다는 표정으로부터

발을 헛디디는 간극 속 당신은 여름이 오기 전 빈 기억이 되어간다
꽃 속에 고인 침묵 허공에 걸리다가 투명한 바람을 뱉어내는데

안에서 밖으로 뻗어가는 또 다른 세계의 시작
당신은 희망이 콩꽃 세상이라고 풍경을 바꾸다가

여기서는 아무 일도 일어나지 않는 마음으로부터
당신이 닫아둔 시간에서 꽃이 피고 지고

끈질기게 쥐었던 이름을
손바닥 위에서 고르고 고르다가 풀어놓을 때

이승의 빈손이 검버섯 꽃으로 피어도 좋을 세월로부터
기억 끝으로 이야기를 불러와 그림자의 이름을 부르다가

안과 바깥의 길들이 끝없이 멀어지고

日記는 일시정지, 괄호, 멈춤*

최영순

무지노트
북극한파 물러나고 대륙한파 쳐들어왔다.
손이 시려서일까? 들쑥날쑥 삐뚤빼뚤 제멋대로인 글씨
크기와 모양 제한하지 않는 무지노트 좋은 날이다
그림을 그리던 글을 쓰던 상관하지 않는 무지 너그럽다
일렬횡대 줄을 세우지 않는 무지 멋지다
쓰고 싶은 욕구 무지 고맙다

「애너벨 리」
사랑하고 사랑받고 다른 생각이 없는 애너벨 리
사랑 이상의 사랑을 시샘한 천사들, 싸늘한 바람을 풀고
아름답고 고귀한 애너벨 리, 바닷가 왕국 무덤에 유폐되었다
하늘의 천사도 바다 밑 악마도 떼어내지 못한 영혼
파도 소리 철썩이는 바닷가 무덤에서 밤을 지새는
낭만주의 극단 에드거 앨런 포 「애너벨 리」

뉴스 퍼레이드

체감온도 -21도 극한추위 안전 안내문자 빗발친 아침
끝나지 않은 전쟁 시작하는 전쟁 끊이지 않는 내전
고물가 고실업 고금리 엔데믹, 기다리고 기다리던 일상 무색한
지진 산불 마약 AI, 그리고 대책이 무대책인 자영업자
날씨만큼 얼어붙은 뉴스 퍼레이드…….

* 소피 퓌자스, 니콜라 말레의 『내면 일기』(이정순 옮김) 중에서

시간과 인간

이희교

측면에서 보는 것이나 정면에서 보는 것은 다 시각일 뿐이다 해석은 광범위하다 어제 내가 본 빛은 정면이었을까 1초에 지구를 7바퀴 반씩 도는 빛은 한결같다 물리학일까

시간은 양파와 같다 모든 것에는 처음이 있고 모든 처음은 반복된다 첫 번째 사랑을 시간 속에 숨기고 있는 인간은 서서히 그것을 삭제하면서 사라지고 있다

초원의 기린처럼 수평선에 줄을 긋고 지우고 있다 가벼워지고 무거워지고 있다 멈춘다는 것은 초원을 넘어가는 일 다리를 끊어 놓는 일이다

인간은 그것을 되풀이한다 그것이 인간을 되풀이한다 해석은 광범위하지만 손을 내밀어도 뒤돌아보지 않는 시간의 화살들

이런 건 검색해도 몰라

이진옥

월화수목금토일 다음
존재하지 않는 요일에 내가 있다

보이지 않는 것이 어둠 때문만은 아니라는 내게, 보이지 않는 것은 완전한 어둠 때문이라고 부정하는 너, 어떻게 '완전한'이라는 말을 양심의 가책 없이 쓸 수 있느냐는 나에게, 망설임 하나 없이 양심이 어느 시대의 유물이냐고 묻는 너, 양심은 부끄러운 것을 모르면 알 수 없는 것이라 말하는 내게, 백치 같은 얼굴로 부끄러운 것이 무엇이냐고 묻는 너
아, 아무래도 안 되겠다 넌 너무 똑똑해

존재하지 않는 요일에서 좋아요를 좋아하는 너와 나 우리는 서로 검지를 주고받는다 좋은 거 맞지? 피어오르는 미소를 좋아요와 좋아요 사이로 밀어 넣으면 나도 보이지 않고 너도 보이지 않는 자리에 멋져요 슬퍼요 화나요 거기다가 사랑해요까지 환하게 보이는 건 뭐지
아, 아무래도 안 되겠다 난 너무 멍청해

묻지 않는 너와 묻는 나 뒤돌아보는 나와 앞만 보고 달리는 너
우린 어느 지점에서 기억될 수 있을까

숲을 이루라
―박주영·이지은 결혼을 축하하며

박광진

푸르른 그대들이여
유월을 맞으라
뜨거운 태양을 맞으라
비와 바람을 즐겨라

숲은 자유함이니
그대들도 숲이 돼라
서로 의미가 되었으니
서로 이유가 되어서
나는 너에게
너는 나에게 스며들라
숲은 베풂이니
아낌없이 주어라

숲이 잠 못 이루더라도
아버지가 그랬듯이
함께 별을 헤어라
나목들이 울더라도
세상의 어머니가 그랬듯이
함께 울어 주어라

무성한 숲이 되리라
새들이 깃들리라
어린 새들이
노래하리라
꽃이 피어나리라
에덴을 이루리라

4부

도도새와 도도나무

폭포

양호인

너의 특기는 자멸
장맛비가 부려 놓은 수정체를 모아,
남김없이 이끌고 투신한다

박살 난 물보라 흰 거품으로 달려들고
낭떠러지를 휘휘 돌아,
낙차를 키우고,

속도가 클수록 크게 부서지는 맹목*의 물
상류를 타고 흘러 하류에 이를 때까지
부서지고, 동강 나도
멈출 수 없는 폭포다

까칠해진 얼굴
헝클어진 머릿결
뛰어내림의 되새김질을 끝내고 싶다

주춤거리다 느린 셔터 안으로 숨은
물의 고요,
호수처럼 잔잔해진 후
거친 숨을 토해내고
숨이 쉬어진다

숨이 쉬어진다
폭포처럼 달려온 나.

* "개념 없는 직관은 맹목적이며 직관 없는 개념은 공허하다
(Thoughts without content are empty, intuitions without
concepts are blind)." ―칸트(Kant, Immanuel)

가을이 오면

이희교

가을이 오면

스케치북에 연필로
수평선을 그리고
늙은 호박의
게으름을 그리고 싶어요

가을이 오면

내가 그린 호박을
시골집 지붕 위에 올리고 싶어요
늙은 호박 옆에는
국화꽃을 그리고

끈적끈적한 여름
끈질기게 버티다가
지레짐작 되풀이하면서
땀을 흘렸을 국화

손놀림이 빠르던 누이는
이제 갈색머리를 하고 있겠지요
가을은 국화를 느림보로 만들겠지요
그래도 국화는 무더운 여름을 견디고
끝내는 꽃을 피웠어요

가을이 오면

매일 밤 누이가 양말을 벗겨주듯
내 발에 새살로 돋는 국화
누이 옆에 그리고 싶어요
그 옆에서 얼굴 붉히고 싶어요

반달 구름 구름 코끼리
―그레이 10

송계숙

고양이는 고양이고 나비는 나비고
푸른 코끼리는 푸른 코끼리
피자는 피자다
날아간다
피자에서 피망이
토마토가 햄이
접시가 날아간다 날아간

접시를
머물게 하자 우주에
도우는 둥근 우주
머물게 하자 머물러
꿀 먹는
나비 눈에
분꽃 얼굴에

푸른 코끼리 리가 떠난다 끼가 떠난다 코가 떠난다 사라진
푸른 코끼리 있는 푸른이 없다 코가 아니다 ㅗ가 떠난 ㅋ은

주먹을 쥔다 아기가
갇힙니다 아기 손에
낮달이 갇힙니다 손금이 사라진
푸른 분꽃이 하늘을 타고 갑니다

눈사람은 눈사람이 아니고 고양이는 고양이가 아니고 푸
른 코끼리는 푸른 코끼리가 아니고 나는 내가 아니고

타고 갑니다 구름이 없는 코끼리를

새벽은 쓸쓸한 구름을 한 삽씩 퍼 담았다[*]

양호인

그릇된 생각, 위험을 미리 알았더라면 빛나는 가을을 기꺼워하지 않았을

한파를 견딜 외투 한 벌 있다면, 관심 밖의 저 질서, 볕이 한 장도 남아 있지 않은 모든 무너짐은 질서 정연한가[**]. 불안을 허공에 던진다. 어둠을 가둘 수 있을까. 배고픈 바람이 불어댄다. 준비하지 못한 슬픔, 폭풍 경보가 날리고 간격 잃은 특별한 것 없는 초침, 몇 개의 바람을 보내야 저 찬바람을 피할 수 있을까.

계절을 거스른 폭설로부터
단풍잎을 지킬

찬란한 오색도, 떨어지기 직전의 갈색도
아닌

세피아 톤으로 변하게 하는 빛의 강도, 수분의 양을 가늠해야 하는 계절에 있음을

흰 눈이 덮여도 포기할 수 없는 오색 감성, 축축한 눈으로 짙게 화장했다. 지워질 수 있음을 잊은 것처럼. 물이 부족해지는 계절엔 물기 밴 눈도 괜찮을 것으로 알고, 느닷없이 내린 눈은 밤을 휘청거리게 하고 아침을 두렵게 했다.

눈이 녹아도, 스러져야 할 단풍잎
세피아 톤 가을 낙엽
광합성을 포기할 건가, 물을 포기할 건가

나무마저 효율을 소중히 하자, 세상 모든 효율이 아우성친다
안다, 알아야 했다, 겨울이 오기 전 일어날 일을

가을이 느지막이 시작되었다. 단풍을 찾던 이들, 오색으로 치장한 나무를 환호했다.
얼굴은 빛났고 가슴이 뛰었던 날

오색을 시샘한 구름의 반란
먹구름이 몰려왔다
눈이 내렸다, 너무 일찍

* 기형도 시 「폐광촌」 중에서 "새벽은 쓸쓸한 파도를 한 삽씩 퍼 올렸다" 변용
** 기형도 시 「오후 4시의 희망」 중에서

선녀와 살기

이연옥

선녀 옆에 강낭콩이 살았대 강낭콩 곁에 공룡, 콩돌로 공기를 하며 놀았다
감각이 부족한 공기놀이 허탕만 치는 공룡은 하루 종일 콩밭에서 뒹굴며 선녀가 내준 벌칙으로 질퍽거리는 물을 깊이 들이마셨다 뱉으며 물을 걸러냈어

산도라지가 청보라 꽃잎을 열며 맑고 깨끗한 물빛을 닮고 싶다고 하늘거리는 언덕

갯벌을 사는 칠면초가 맘껏 탄소를 빨아들여
강낭콩이 꽃을 활짝 피우며 구름 한 점 없는 하늘을 보고 있었지

도시를 나와 풀 속으로 깊숙이 들어가면 선녀와 강낭콩과 콩돌이 정답게 살고 있는 동네 아파트 골목들은 언제 정화될까

텀블러를 타고

이연옥

처음의 너를 찾아 바다로 달렸어
함부로 남발한 사랑이 미래 없는 눈빛으로 나를 바라보았어
썩지 않는 채 떠올라 비아냥거리고 있었지

무분별하게 파도에 밀려다니는 각설탕이 생각났다
혀끝으로만 사랑한다고 홀짝거리던 사랑
빙하를 녹이는 불순한 사랑이 백사장에 남발했어

새들은 플라스틱 끈 물어다 집 짓고
봄인 줄 알고 피었다 된서리 맞는 봄까치꽃
사랑한다고 말하던 입에 낀 비닐
진실하게 나눴던 말들이 퇴색되는 건 언제부터였을까
편하고 쉬워서 쉽게 버린 사랑

어디로 가야 만날까

처음의 너를 찾아
일회용 대신 텀블러 타고
지구를 항해하는 물결 일면 좋겠네

한 텀블러곁에도 한텀블러 곁에도 한물결

뿌리 2

조현서

메뉴판에서 김치찌개를 골랐다
매일 먹는 건 싫어도 적당히 쉬었다가 먹으면 익숙한 맛에 즐겁다
수고한 농부와 요리사 덕분에 한 끼 식사를 하고 네댓 시간의 생명을 연장한다

식당 일로 다져진 아주머니는 특별히 친절하지 않아도
믿고 찾아주는 단골손님들이 있어 오랜 세월 이곳에 자리 잡고 있다
식당 문을 나서기 전에 지갑에서 돈을 꺼내 식대를 지불할 것이다
뿌리가 흘러가는 물을 찾아 빨아올리듯 내 지갑에서 뽑아낼 것이다

묵시록
—살아있는 주제[*]

이재웅

장미여
이 시대에
나는 너를 돌보는 정원사가 되리라.
모든 이가
잡초들을 우대하는 때.^{**}

누구시기에, 무슨 낯으로 이간과 질시를
일부러 입에 담는단 말인가
살아있는 주제에 —

어느 순간 어느 지점 아니고서는
명료한 몸뚱어리 아니고서는
주인 없는 벌판에 부쳐 먹지 아니하고서는
썩어나도 쟁이지 아니하고서는
고요해지는 봄을 애써 외면하면서까지
(심지어) 살아있다는 것은 기적이라며
저들끼리, 경이와 존엄을 일부러 입에 담지

기적들뿐인 세상, 모두가 일반임을
(말해 무엇 하리) 섬길 마음은 없으면서

오래된 생각인데 —
'세상은 지금껏, 단 한 번도 달라진 적 없지
앞으로도 그러할 것이야!'
(그래서 말인데 — 가끔 쓸쓸해)

먼 곳에 가서, 산을 내달렸어
풀숲이슬에 젖어 높이 오르니, 아침나절
흔해빠졌던 마을 안개가, 계곡에 분지에
흔치 않게 남아 빛나며, 탄성을 지르게 했어
마을 사람들은 그저도 흔해빠진 안개 속이었던 거야
(보는 것은 기쁨이자 양심의 가책이고,
특권이자 의무인 것을)***
남들도 다 노는 주말이었어
귓갓길도 행복했어

주말이라고 했잖아, 고속도로 정체가
드문드문 이어졌어, 지루해지기 시작했지
'길은 거추장스러운 것'이라는 생각이 들더군
지나치게 무겁고 크니 휴대할 수 없고
장미 잡초 나무와는 거의 원수에 가깝고

(너무 많은 말을 하고 있나)

지상에, 길이 사라질 날이 오겠지

물체의 순간이동은 불노불사의 꿈과 같으리니
번잡스러운 길은 '모아이' 속편 되어
묵시록으로 읽힐 것이며, 개미들처럼
길 없는 길 따라 숲으로 기어들 것이다.

— 살아있는 주제에
일부러, 입에 담을 일도 없을 것이다.

* 《예술가》 2025 여름호, 「박찬일의 철학과 詩 — 푸코·라투르 생태주의」를 읽고
** 하이제 H. J. Heise의 시 「약속」 전문 "잡초여/ 이 시대에/ 나는 너를 돌보는 정원사가 되리라./ 모든 이가/ 장미들을 우대하는 때."의 변용
*** 마크 도티 Mark Doty 『묘사의 기술』 '엄청난 물고기'에서

뿌리 1

조현서

누가 시켰을까
땅 속으로 더듬어 내려가 물과 양분을 찾아 올려주는 일을 한다
딱딱한 돌과 모래 속에서 부드러운 촉수로 틈을 찾는다
비벼대는 촉수에 꿈틀거리며 자리를 비켜 줄 거야
어둡고 축축한 곳에서 흙과 엉키며 단단한 힘을 키우지
땅 위의 세상이 궁금하지 않을까
더 깊게 뻗으려는 힘도 욕망일까
찾아내고 채취하는 기쁨이려나
뿌리 덕분에 잎이 나고 꽃을 피워 열매를 얻는다

물을 마시고 양분을 흡수하는 뿌리는 입과 같아
내 입은 뿌리처럼 먹고 마실 것을 찾고 있어
맛있는 식당이 어디 있을까 무얼 마실까
오늘도 식당 문을 열고 들어간다

고래

이연옥

고래 섬이라는 마을이 있다
아침이면 마을까지 쏟아지는 소나무향이
바다에서 내뿜는 고래 숨을 닮았다고 했다
집들의 밥숟가락까지 세며 사람들과 친해진 향이
내부 깊숙이 스며들수록 장수한다고 했다
그곳 사람들 마음을 들추면 고래 한 마리씩 턱 하니 앉아있었는데
짙은 향을 품고 있어서 말에도 향이 풍겨 나왔다

아파트가 들어선다고 할 때 향이 가는 방향을 잡을 수 없었다

건설업자 작살은 무작위지만
설마 향긋하고 그윽한 고래를 밀어내?
공사현장을 지날 때마다 바리게이트 안이 궁금해
멀리서 꼬리 치는 모습이라도 보고 싶어
코를 디밀고 들여다봐도 방향을 잡을 수 없었다
고래잡이처럼 모든 것을 유추하려고 했지만
벽이 높이 자라났고 고래가 넘어오지 않았다

바리게이트가 치워지는 날
오래된 소나무섬 대신 아파트가 포경선처럼 버티고 있었다
고래의 흔적은 어디에도 찾을 수 없었고
아파트를 돌면 소나무가 내뿜던 피 냄새가 희미하게 맡아졌다

어두운 밤길에서 아파트를 바라보면
아파트 그림자는 소나무숲 같고
아파트의 밤은 고래가 사라진 밤바다였다

노루영나영*

이정미

죽은 노루를 보았다는 친구와 헤어지고
왔던 길로 다시 걷습니다
새 한 마리가 먼 산으로 날아갈 때
산중 아늑했을 노루의 서식지를 떠올립니다

노루가 옮겨졌다던 갓길 옆 교회 여목사님은
로드킬은 흔한 일이라며 커피를 건넵니다
소나무가 멋들어진 생태통로 아래
벽화 속 노루가 뛰어놉니다

지구대 문은 닫혀 있고
영화관에서는 코믹영화 상영 중
〈은하수도서관〉에도 그날의 기록은 없습니다.

벌써 별이 되었을까요, 노루는
새처럼 날아 산으로 올랐을까요

신호등 불빛이 마구 번집니다
정류장으로 가는 길을 잘못 들었습니다
노루도 잠시 그랬겠지요

횡단보도 한가운데서 무언가에 걸려 넘어져
청바지 속 피 흐르는 무릎 움켜잡고
깜박이는 초록불을 보며 필사적으로 걷습니다
나는 살아서
결국 노루를 이해하지 못하게 되었습니다

우리는
길을 걸었을 뿐입니다

* '노루하고 나하고'라는 의미. 둘이 '함께 어울린다'라는 의미. 제주 민요 「너영나영」에서 착안

도도새[*]와 도도나무^{**}

이연옥

가는 곳마다 숲을 내려놓았다 도도나무 씨앗 발아하는 위장이라고 발설했어 장애물 없는 모리셔스라서 날개 퇴화시키며 청회색 깃털로 도도하게 도도나무숲을 발화했지 사람들이 들어오기 전까지

100년 만에 멸종된 도도새 이야기야

치대학원을 졸업하고 치과병원을 전전하던 남자는 날개를 접고 산속으로 들었다 장애물 없는 깊은 숲에서 자연인을 자처하며 살았다

법 따질 일 없이 나무를 타고 열매를 따 먹으며 지냈다 지천에 널린 게 먹을거리였지 칡, 화살나물, 다래, 도토리를 도도나무처럼 여기며 산속을 누비다 입산금지법에 걸렸다네 산에서 쫓겨나 공장 근처 콘테이너에 살던 남자는 쏟아지는 매연에 시름시름 앓더니 날아보지도 못하고 위기를 맞았다지 지금은 찾을 수 없는 그 남자 멸종한 무리 중 하나였을까

도도새 멸종으로 씨 퍼트리지 못하게 된 도도나무는 노랗게 시드는 잎사귀 흔들며 오늘도 그 남자 기다리고 있는지 모르지

* 모리셔스에서는 공격받을 일 없어 날개가 퇴화되었다. 네델란드의 죄수 유형지 되고 인간과 유입된 종들의 공격으로 도도새 수는 줄었고 인간이 들어온 지 약 100년 만에 희귀종이 되어 1681년 마지막 새가 죽었다.
** 도도나무 열매는 도도새 소화기관을 통해야만 발아할 수 있다. 도도새가 사라진 지 300년이 지나 도도나무가 멸종하게 되었다. 연구자들은 칠면조 식도가 도도새 소화기관 역할을 할 수 있음을 알아내고 씨앗을 발아할 수 있게 되었다. 그 나무들도 '도도나무'라고 불리게 될 것이다.

삼신채로 빚은 달항아리

이정미

파

백로처럼 긴 목을 새초롬히 치켜들고
초록 다리 쭉쭉 뻗어 청춘이라 외치네
주름은 흰머리 속에
뭉쳐지고 있는데

생강

흙덩이로 뒤엉켜도 그 한 몸 지키려고
알싸한 향 내뿜으며 이리 뒹굴 저리 뒹굴
기이한 형상들 모여
한데 얽혀 버티네

양파

연갈색 비단 홑겹 고이고이 벗겨내니
내 손바닥 위에 앉은 달항아리 환하구나
포개진 흰 살 조각들
은빛 속에 산화하리

끝과 시작

이진옥

시간의 문은 여닫이가 아닙니다
단두대의 칼날처럼 위에서 아래로 닫히지요

문이 조금씩 닫힐 때마다
툭
투둑
투두둑
눈가가 허물어집니다

죽을힘을 다해 눈물을 삼켜 봅니다.
메마른 가슴이 거부합니다
불안한 눈물이 목울대를 서성입니다

칼날은 쉬지 않고 내려옵니다

완전했던 풍경이 시간의 뒤로 날아가고
조각난 풍경이 눈에 들어옵니다

닫히는 문 앞을 서성이다
지나온 길을 잃어버리고
고요의 바닥이 자리를 내어 줍니다

문이 닫혔습니다
비상구는 없습니다
다만.

5부
비극이 아닌 시간

내상후증후군

이문

쇠붙이에 긁힌 나무는 바깥으로 길을 낸다
긁힌 쪽은 안쪽이다
표시해 둔 상처를 따라 들어가 본다

숲이다
수렵도는 깜깜하다
한 번쯤 야광 악기의 변주를 들어본 적 있지 않을까
긴 호흡 끝에 피부로 감지하는 어떤 부름
저항할 수 없이 이끌리는 생생한 자극의 울음소리 같은

사냥꾼은 야생의 수렵을 시작한다
잃어버린 잎의 굴절된 기억을 사냥한다

달리는 숲 속에서 길을 잃었다
산이 너무 빨랐다
바람의 속도를 거스른다
발을 헛디딘다

숲이 침몰하고
뭉개진 입이 흘리는 초록피울음
늑대의 웃음소리 들렸다
잎 하나 내주었다

잃어버린 혀를 찾으려고 하지 마라
혓바닥이 찢어져도 산다
불감의 시대, 통증은 신선하다

이쯤에서 고리를 끊어야지
긁힌 나무의 속살에 계절의 때가 끼듯
보호색을 입어야지
더께 앉은 통증의 이력을 묻어야지

규칙적으로 숲을 산책하고 일몰을 채집하고
알을 하나 깨뜨려야지
참 혀가 없다

비극이 아닌 시간의

이룬

아직 아무것도 아닌 완전한 침묵
눈 내리는 봄밤처럼
우리는 조용한 진공을 상상했다

감지등이 점멸되기 직전의 기척
플랑크 시간만큼의 숨이
우리 인연의 기원일지 모른다

$t_p = \sqrt{(\hbar G/c^5)}$ *
시간이 태어나던 순간의 공식
시작은 빛보다 빠른 어둠의 숨이었다
10^{-43}초

모든 이름이 부재했고
모든 의미가 아직 선포되지 않았다

우리는 각각의 입자였고
당신과 나 사이
더 가까워지기 어려운 거리

서로의 궤적을 직감한 듯
중첩된 채로 떨고 있었다

암묵 속 눈빛
마주 앉은 테이블 아래 다리의 떨림
뇌관을 스치는 빛방울들

서로 닿지 않은 손끝
찻잔 사이에서 우리는
플랑크 시간만큼 감응했다

존재는 떨림이다
당신은 안도
나는 불안의 파동

당신의 음성이
미세한 잡음 속 라디오의 튠
사이에서 진동수를 맞춘다

기억해?
그 말이 낯익은 멜로디였지
서로를 알기 전에 이미
같은 파동으로 떨고 있었던 것 같아

당신을 만났을 때
당신이 떠나고 있었다
그것은 비극이 아닌
시간의 에티카

침묵 속의 감정처럼
진공 속에 무한 에너지가 있다

봄밤의 산책에서
우리는 멈춰 섰다

우리 사이의 적막이
가장 농도 짙은 사랑의 방식이었을까?

* 최초의 숨, 시간의 최소 단위

슬리퍼가 가능한 동작에 대하여

금희

바닥을 겪는 일이었지요 몸에 걸린 무게를 가늠하고 명랑하게 리드미컬하게 바닥을 밀어 올렸습니다 처음이 다 그렇듯이 까칠하게 가장자리를 세우고 허당인지 모를 공중으로 들어 올렸지요. 가볍고 헐렁헐렁한 이 자세를 누가 정한 것도 아닌데 바닥과 허공을 왔다 갔다 하며 길 위에 놓여 있습니다. 내장을 들어낸 채 지느러미를 박제당한 채 일정한 보폭으로 직립을 도모하는 길 말고는 다른 길은 없으니까 생긴 대로 살아야 합니까 죽을 때까지 내 집 한 채 없이 집을 짓는 것처럼 내가 가야 할 길은 없는 겁니까 우리는 남은 껍데기로 덩그러니 나동그라집니다 납작하게 엎드려 이 근무를 벗어날 길이 없어요 부르면 납작 엎드려 바닥을 끌고 허공을 딛는 기간제 비정규직 불안은 날개 대신 허파에 바람을 넣는 일 둥근 지구와 옴팍 패인 발바닥의 공간과 공간을 끼고 바람 빠진 타이어의 굳은살이 되는 일 바닥처럼 쩍쩍 갈라지는 일 달그락달그락 모래알 위성들이 들락날락거리는 인력거가 되는 일

무용하게 되는 일 따윈 겁나지 않다고 헐렁헐렁 헐거운 바닥을 지나
빡빡한 일상을 딛고 매미는 슬리퍼를 덜그럭 벗어놓고 갑니다

도리언 그레이* 풍
—그레이 12

송계숙

여자가 자리를 양보했어 '다리 아픈 어머니 생각이 났어요 저는 동천동 살아요 강남역 가세요? 저는 혜화동 동생네 가요' 여자 웃음소리 없어

철교에 햇살 찰나 이마를 핥아

긁히는 레일 불꽃 튀는 무거움 자리에 앉아 애써 가벼워져 너 입바람 불어 마음을 써 너 애가 넘쳐 두고 온 물 냄새 부풀어 코끝에 넘쳐 어둑한 층계 어수룩히 갇혀

구멍 난 상수관이 내려앉아 단단한 심장 조이는 브레인이 올라와 물내가 의자에 고여 생각 없는 강 끈적함, 너 요동하려 누수를 불러 너에 향한 기울기 강 소리 기울어

벗은 발이 건 공중에 마른 비 무겁게 내려 형체 없는 굉음 긁는 불꽃 여자가 가져온 너 용솟음이 웃어 터널로 걸어와 축을 타고 심실이 가라앉아

안녕히 가세요 여자와 헤어지네

그녀가 두고 간 너, 남은 자 무거움

* 오스카 와일드 장편소설 『도리언 그레이의 초상』

엽서

백선

깜짝 놀랐지 창문에 비행기 그림자가 지나갔어 순식간이 었지

꼬리를 끊어놓고 사라진 도마뱀처럼 거대 공포의 기억은 따갑게 말라 가겠지 끊어진 꼬리가 모래 속에 묻히겠지 큰 것이 작아지는 것도 순간이지 사막에서, 뱀을 만나는 일이 흔한 일이 아니지 남겨진 꼬리가 몇 번을 되뇌어야 되살아나는 낯선 이미지를 만들어 놓는군

반갑지, 무척
어색하지
정말 미지근하지
문지를수록 늘어나는 지우개가루처럼 들여다볼 때마다 복잡다단해지는 리아스식 구름층

해독되지 않는 것
더 오래 아름다울 수 있지
해독하고 싶지 않은 것
더 오래 간직하고 싶은 것일 수 있지

낯익은 기표로 불쑥 튀어나온 너라는 이름의 낯선 기의,
그 가벼움을 나는 어디에 보관해야 할지 책갈피 사이에서
떨어져 내리는 단풍잎은 오래전 봉인된 풍경의 비밀번호
였을까 숨겨두고 까맣게 잊어버리는 비상금처럼 사라진
의미보다 더 반가운 실재의 가벼움이란,

오늘이 부화한다

고순용

노신사의 외투 깃 같은 노을,
실오라기 풀린 노을이 고개 마루에 매달려 있다
고갯마루에서 오늘의 문을 잠그고 있다
바닥에 떨어져 산산조각 난 오늘,
오늘이라는 하루의 조각들을 쓸어안고
비바람 같은 안갯속을 걷는다
안개에 중독된 가로등이 바람에 휘청인다
밤의 갈피를 먹고 자라나는 불빛 기둥들,
몰락한 왕가의 근위병 같은 불빛 기둥들이
공동묘지 울타리처럼 줄지어 서 있다
우주공간 저 끝자락에서 한줄기 파동이 달려온다
헬리오스가 잠에서 깨어난다
흩어졌던 꿈의 조각들, 시간의 파편들이
숨을 고른다 기지개를 켠다
알을 깨고 나온 오늘이
둥그렇게 눈을 뜨고 천지를 뒤흔든다

문병

이희교

흐린 하늘 주말농장에
하얀 박이 주렁주렁 달려 있다

링거 병을 달고 있는 듯

링거 여러 개 매달고서
잠들면 눈 뜨고 싶지 않다던 친구 생각이 나서

문병을 가는 마음 무거운데

의지 없는 눈빛이
흰 박처럼
얼굴에 박혀

아직 덜 익은 박이 바람에 떨어질까
돌아오는 길에 고개를 자꾸 뒤로 젖히게 된다

유품정리사 Y씨의 일지

양소은

양은 밥상 위에는 쓰다만 이력서 몇 줄이 난파선처럼 누워 있었다.

골목 안쪽의 침묵을 무너뜨리는 바람이 낡은 계단을 밟으면 굶주림이 무릎까지 몰려들었을

창문이 땅바닥과 같은 높이의
지하방

차게 들이치는 어둠 속에 엎드려
자기만의 영역을 발굴하려 애썼을 것이다.

문밖, 수도꼭지에서는 뚝, 뚝, 타전하는 물방울이 주인의 소식을 외부에 전하고

실종된 지 한 달여 만에 발견된
지하세계

벽에 걸린 양복 한 벌과
라면 봉지들

바닥으로 깊게 가라앉은 그를 다 지울 때까지

날개라도 되는 듯 하얀 천으로 덮었다.

텅 빈 밥통과
야광 별들이 물결치는 냉장고의 플러그를 뽑았다.

흉부X선 사진

신종찬

(열흘째 밤새 기침하다 잠도 못 잤다기에 가슴 사진을 찍어보기로 했다.)

갈비뼈로 단단히 울타리를 쳐놓고
오로지 흑백논리로만 싸우는
미로迷路의 실루엣 전장戰場

왼쪽으로 치우치게 심어 놓은
심장心臟 한 그루,
우듬지에서 잔가지를 많이도 쳤다

한가운데에 심어 놓은
기관지 한 뿌리,
캄캄한 전장 속에서, 용케도
실 같은 잔뿌리들을 가득 뻗었다

흰 말에 검은 말을 약간 섞는 심장
검은 말에 흰 말을 약간 섞는 근육들
흰 말에 검은 말을 약간 섞는 지방, 갑자기
흰 말하던 뼈가 검은 체한다
검은 말하는 허파가 흰 체한다
오가는 말들이 말이 아니다
낙인찍기 위한 치열한 전투가 일어난다

분명한 흑백논리가 아니면
아예 존재조차 할 수 없는
냉혹한 미로의 실루엣 전쟁터

그레이

송계숙

어디, 별똥별이 끌고 온
승냥이 눈썹이 타버린 돌 광선에
기억이 물린 번뜩이는 우물 속 같은 불안 컵 안에
담겨 있는 길고 긴 시간이 끌고 온 구름 소용돌이
나뭇가지 사이 잡을 수 없는 하늘이
억만 년 자는 잠에 떨어진
검은 돌. 외침을 잃은 승냥이 회색 눈이. 컵
안에 담긴 어둔 골목 안 고양이 울음 같은 내일이
흘러내리는 흘러내리다 튀어 솟구치다 쌓인
재. 억만 년 전에 살던 눈물
지워진 손금 막다른 골목에 별이 묻혀 온
발자국. 검은 눈 떨어진 잎에 꽉 찬 겨울밤
소리 없는 소리가 가지에 붓칠 하는
흔들리는 눈싸라기들 당황하는 그리움
차디찬 컵에 담긴 이어지는 재의 퇴적 내리고
내리는 회색 눈. 주름에 갇힌, 어디

기도

이정미

불콰한 노을빛이 잦아들 무렵
수만 가지 무늬 그리며 번뜩이는 파도 위로
갓 태어난 아기 울음처럼 번지는 종소리

에밀레종 설화 속 애끓는 여운도
역사 속 전쟁의 총탄성도 흔적 없이
쨍쨍한 울림만 가득한 이국의 해변

아드리아해 언덕 마을 어느 성전에서 내뿜는지
하루 꼬박 기다린 종지기가 내보내는
하늘과 바다 사이 청량한 진동을 타고
태어나라 생명이여, 자궁 안 바다로부터

고이 묻어둔 씨앗에서
졸리는 눈 부스스 뜨며 새싹이 솟아나듯이

수평선 위로
새로운 해가 날아오르듯이

갈 수 없는 나라

정애영

하얀 머리 할머니가
빨간 뚜껑 플라스틱 통을 가위로 긁는다.

벌레가 너무 많이 나와
안 잡으면 입으로 들어가서 위험해

오늘은 새를 쫓듯 열린 새우젓 통을
세차게 두드리고

언제부터 그렇게 벌레가 많이 나왔어요?
내가 백내장 수술을 했는데 그때부터
잡아도 잡아도 벌레가 계속 나와

간병인이 눈을 찡긋 거리며 지나간다.

벌레 잡는 걸 좀 도와 드릴까요?
끌려가는 환자처럼 화들짝 젓는 손

벌레를 죽이느라 눈송이로 뭉친 휴지가
휴지통에서 하얗게 알을까고

날마다 벌레가 쏟아지는 할머니의 골몰은
허공을 돌아 언제나 제자리다.

밤이 되자 할머니가 사는 나라에
눈발이 쏟아져
희고 차가운 벌레들이 동공 속으로 쌓이고

붉은 녹을 열어요

정애영

넓은 마당이 있는 아름다운 집, 옆으로 드넓은 사과밭이 있다
순한 얼굴의 사과밭 여주인이
내놓은 달콤 아삭한 사과를
씹다가 개 한 마리와 눈이 마주쳤다.
들여다보니 울타리 안쪽 1미터
남 짓 한 쇠사슬에 묶여 몇 발자국 오지도
못하고 뛰며 짓는다.
제가 산책시켜도 될까요?
사슬이 거친 파도로 출렁이고
체념에 길들여진 욕망이 깨어 사과밭을
흔들며 포효한다.
늙은 개의 간절한 눈빛 속으로 걸어 들어가는 동안
여주인이 쇠사슬을 풀어보려 애쓰지만
녹에 잠긴 사슬은 끝내 풀리지 않는다

사과밭에 묻은 새끼는 꽃으로 피어 환한데
나무속에서 걸어 나온 늙은 개 한 마리
눈시울에 붉은 녹이 고인다

부패의 온상

이진옥

누군가 게워놓은 토사물 위
오동통 살찐 참새들이 날개 떨며
옹기종기 모여 앉아 식사를 한다

출품작 및 프로필

고순용

천지의 붓끝 20
밤의 환상 24
안개 그림자 26
오늘이 부화한다 136

2023년 《예술가》 등단. 공무원연금문학상, 강원시니어문학상. 김유정기억하기공모전 대상작 「봄밤」 선정
khosy1@naver.com

금희

붉은 수염 16
야트막한 내 구름 정원 38
수봉산 58
슬리퍼가 가능한 동작에 대하여 130

2015년 《예술가》 등단. 시집 『미안하다 산세베리아』, 『고양이시금치라고 불러』(인천문화재단 예술가창작지원). 2023년 지하철 시 「봄은 물고기」 선정
gumoongohee@hanmail.net

박광진

초가을의 스태그 파티 49
받아쓰기 55
밥 한 번 72
숲을 이루라 91

2015년 문집 『크리스마스 선물』에 시 발표 시작, 2017년 《예술가》 신인상. 문집 『크리스마스 선물』, 『기다림은 언제나 이르다』. 2022년 《시인광장》 올해의 좋은시 「(안)밖」 선정. 《예술가》 편집장
davidkp@hanmail.net

백선(김향미)

검정을 해부하다 34
사막과 찬가의 반증 56
산이라는 이름의 펫 64
엽서 134

2009년 《유심》 등단. 시집 『사막과 찬가의 변증』. 대표시 「사막과 찬가의 변증」
khm6666@hanmail.net

송계숙

날개는 바람 소리 듣는다 32
반달 구름 구름 코끼리 98
도리언 그레이 풍 132
그레이 142

2022년《예술가》등단. 예술가신인상「경계를 보다」선정
ybf10ks@hanmail.net

신종찬

입추 단상 1 42
입추 단상 2 44
저녁연기 46
흉부X선 사진 140

시인·수필가·의사. 2020년《예술가》시 등단, 2010년《에세이플러스》수필 등단. 시집『댑싸리비』,『저녁밥 짓는 냄새』, 수필집『서울의 시골의사』외. 예술가신인상「나와 달팽이」선정
asjc74dr@hanmail.net

양소은

물방울 다이아를 훔친 적이 있다 30
거울 속의 여자 78
끝없이 멀어지는 길들이 84
유품정리사 Y씨의 일지 138

2013년 《시와소금》 등단. 시집 『노랑부리 물떼새가 지구 밖으로 난다』. 포에트리 문학상 수상. 《시와소금》 편집위원, 《포에트리 슬램》 편집장
chhn6641@hanmail.net

양호인

문득, 01시 57분 22
양평 오일 장 80
폭포 94
새벽은 쓸쓸한 구름을 한 삽씩 퍼 담았다 100

시인·수필가·사진작가. 2023년 《예술가》 시 등단, 2015년 《수필문학》 수필 등단. 수필집 『나 할리 타는 여자야』, 『나를 보는 나』, 포토에세이 『상그릴라로』 외. 예술가신인상 「곤을동 비가」 선정
hoinfree@hanmail.net

이룬

If I lose myself 52
액자 속의 방 속의 방 74
내상후증후군 124
비극이 아닌 시간의 126

시인·문학평론가. 2019년 《시작》 등단.
시작신인상 「녹스는 물」 선정
gasaga1@naver.com

이연옥

선녀와 살기 103
텀블러를 타고 104
고래 112
도도새와 도도나무 116

1997년《문학공간》등단, 2010년《예술가》에서 작품 활동 시작. 시집 『나비의 시간』, 『연밭에 이는 바람』, 『산풀향 내리면 이슬이 되고』, 수필집 『시위를 당기기 시작했다』. 가곡 「나비에게」 작사. 시흥문학상. 前 한국문인협회 시흥지부장, 現 예술가작가회 회장
flyyoun@hanmail.net

이재웅

삿갓재 나비 61
월출산 얼레지 62
일기초 76
묵시록 107

시인·Trail Runner. 2024년《예술가》등단. 예술가신인상 「정말 절망」 선정
leewayn@naver.com

이정미

월월이청청 28
노루영나영 114
삼신채로 빚은 달항아리 118
기도 143

시인·피아니스트. 2023년《예술가》등단. 예술가신인상 「거미와의 동거」 선정
hea9322@naver.com

이진옥

초식의 사막 36
이런 건 검색해도 몰라 89
끝과 시작 120
부패의 온상 148

2010년《예술가》등단. 시집『(불안)이라 읽어주세요』(군포문학상 선정). 대표시「가자, 세헤라자데」. 前 예술가작가회 회장. 군포문인협회수석부회장. 군포예술지편집위원. 한국시인협회회원
newsurobuin@hanmail.net

이희교

연필스케치 12
시간과 인간 88
가을이 오면 96
문병 137

《한국문학예술》등단. 시집『사과는 동물원에 떨어진다』. 대표시「사과의 감정」. 前 한국문인협회 시흥지부장
heekyo311@naver.com

정애영

눈 속의 달 19
반딧불이 70
갈 수 없는 나라 144
붉은 녹을 열어요 146

2016년 《예술가》 등단. 예술가신인상 「어디서 발을 헛디뎠을까」 선정. 성남민예총 문학위원회 위원
ay5090@naver.com

조현서

빗속의 꽃 14
밀어 50
뿌리 1 111
뿌리 2 106

2019년 《예술가》 등단. 예술가신인상 「조화의 조화로움」 선정. 춘천교육대, 방송대 국어국문학과 졸업
cky7825@daum.net

최영순

초기화 48
너는 없는 것으로 있다 68
우주는 원자가 아니라 이야기들로 이루어져 있다 83
일기는 일시정지, 괄호, 멈춤 86

2020년 《예술가》 등단. 예술가신인상 「너를 위해 꽃이 피고 눈이 내린다」 선정
mattyyoung@naver.com

예술가작가회 연혁

· 2010년 6월, 《예술가》 창간
· 2010년 《예술가》 신인상 - 이진옥, 지금
· 2011년 《예술가》 신인상 - 이길한
· 2012년 《예술가》 신인상 - 박정춘
· 2014년 《예술가》 신인상 - 김영미, 오현주, 김인홍
· 2014년 12월, 지금 시집 『히멘』 발간
· 2015년 10월, 금희 시집 『미안하다 산세베리아』 발간
· 2016년 《예술가》 신인상 - 양해연, 이종호, 정애영
· 2016년 9월, 박광숙 시집 『돌아가고 싶지 않아』 발간
· 2016년 10월, 이연옥 시집 『나비의 시간』 발간
· 2016년 《예술가》 신인상 - 강연형, 박이영
· 2017년 1월, 예술가작가회 창립
· 2017년 《예술가》 신인상 - 김정규, 박광진
· 2018년 4월, 양해연 시집 『종의 선택』 발간
· 2018년 《예술가》 신인상 - 문경재
· 2019년 5월, 김유정문학촌 문학기행
· 2019년 10월, 예술가작가회 시선집 『너는 의문부호다』 발간 - 금희, 김영미, 김원홍, 김정규, 문경재, 박광숙, 박광진, 양해연, 오현주, 이기한, 이보경, 이연옥, 이종호, 이진

옥, 정애영, 허은경 참여
- 2019년 11월, 예술가작가회 북콘서트
- 2020년 5월, 이종호 시집 『삶에 처하다』 발간
- 2020년 《예술가》 신인상 - 신종찬, 김숙인, 정기하, 최영순
- 2021년 9월, 이보경 시집 『아으 동동다리』 발간
- 2021년 《예술가》 신인상 - 김미라(평론), 유재원(희곡), 원영은, 박영구(시조)
- 2022년 10월, 이진옥 시집 『(불안)이라 읽어주세요』 발간
- 2022년 12월, 금희 시집 『고양이시금치라고 불러』 발간
- 2022년 《예술가》 신인상 - 송계숙, 정미현
- 2023년 7월, 리사원(원영은) 시집 『리사의 다락방 시 한 스푼』 발간
- 2023년 11월, 이희교 시집 『사과는 동물원에 떨어진다』 발간
- 2023년 12월, 신종찬 시집 『댑싸리비』 발간
- 2023년 《예술가》 신인상 - 양호인, 최영삼, 고순용, 이정미
- 2024년 9월, 문경재 시집 『느티나무 문법』 발간
- 2024년 《예술가》 신인상 - 이재웅, 천성현
- 2025년 8월, 백선(김향미) 시집 『사막과 찬가의 변증』 발간

- 2025년 9월, 신종찬 시집 『저녁밥 짓는 냄새』 발간
- 2025년 11월, 예술가작가회 시선집 『관심 밖의 저 질서』 발간 - 고순용, 금희, 박광진, 백선, 송계숙, 신종찬, 양소은, 양호인, 이룬, 이연옥, 이재웅, 이정미, 이진옥, 이희교, 정애영, 조현서, 최영순 참여
- 2025년 12월, 예술가작가회 북콘서트